Reise durch

S Y L T

Bilder von
Sabine Lubenow

Texte von
Ulrike Ratay

Stürtz

Erste Seite:
Blau-weiß gestreift sind die Strandkörbe am Strand des Nobelortes Kampen. Sie bieten Schutz vor Sonne und Wind, sind in den allermeisten Fällen Zweisitzer und bestehen aus einem zweiteiligen Holzgestell mit Korbgeflecht.

Vorherige Seite:
Nördlich von Kampen steht das Quermarkenfeuer „Rotes Kliff", das von 1913 bis 1975 vor einer Sandbank in der Einfahrt zum Lister Tief warnte. Nicht weit von dem Seezeichen liegt das Haus Kliffende, in dem schon Prominente wie Emil Nolde, Thomas Mann und Ernst Rowohlt nächtigten.

Unten:
1972 eröffnete Jürgen Gosch die „nördlichste Fischbude Deutschlands" in List. Inzwischen gehören

zu seinem deutschland-weiten Imperium allein am Lister Hafen zwei Lokale und ein großer Laden.

Seite 10/11: *Berühmt ist Sylt für seine Sonnenuntergänge am Weststrand. Hier ein besonders schöner bei Wenningstedt.*

Inhalt

Sylt – Königin der Nordsee

So einsam kann es am Strand von Hörnum sein. Auch an der Südspitze Sylts überwachen tagsüber Rettungsschwimmer von der Plattform aus den Badebetrieb.

Wir fahren mindestens einmal im Jahr auf die Insel!" – Schon im Zug nach Hamburg ist bei dieser Aussage klar, welche Insel gemeint ist: „Die" Insel ist Sylt. Natürlich gibt es auch eingefleischte Föhr- oder Amrum-Fans – aber „die" Insel ist und bleibt das charakteristische langgezogene Eiland, dessen Umriss zahlreiche Autos von Luxuskarosse bis Kleinwagen als Aufkleber schmückt. Denn Sylt ist entgegen des Klischees von der „Insel der Schönen und Reichen" durchaus für Urlauber mit verschiedenen Intentionen geeignet. Natürlich kann man auf der Whiskymeile in Kampen, in der Sansibar südlich von Rantum oder in den zahlreichen Gourmetrestaurants und Nobelboutiquen viel Geld lassen. Davon abgesehen bietet Sylt aber insbesondere außerhalb der Hochsaison eine unbezahlbare Ruhe und einzigartige Natur mit ihren Dünen, der duftenden Heide und der mineralreichen gesunden Luft wie kaum eine zweite Insel. Sie ist immer noch eine Insel für Erholungssuchende, für Familien, die im Sommer das Bad in der Brandung der Nordsee genießen, große Sandburgen bauen oder an interessanten Wattwanderungen teilnehmen.
Doch ist Sylt eigentlich noch eine Insel? Im strengen Sinne nicht mehr, denn seit 1927 verbindet der circa elf Kilometer lange Hindenburgdamm die „Königin der Nordsee" mit dem Festland und macht das letzte Stück der Anreise zu etwas ganz Besonderem: Wenn man nicht per Flugzeug oder mit der Fähre aus Dänemark anreist, kommt man zumeist mit dem Auto- oder Personenzug auf das Eiland. Kurz hinter Klanxbüll verlässt der Zug das Festland und zuckelt über den schmalen Damm mitten durch

das Wattenmeer. Je nach Wetter- und Gezeitenlage blickt man auf Sand und Schlick, ruhige Wasserflächen oder die Gischt der Wellen schlägt dramatisch an die Zugfenster.

Inselbahn

Einst gab es sogar Bahnbetrieb auf Sylt selbst: Fast hundert Jahre, ab 1888, brachte die Inselbahn die Urlauber zu ihren Unterkünften. Auch „Rasende Emma“ genannt, verband sie in Ost-West-Richtung Munkmarsch mit Westerland und in Nord-Süd-Richtung List über Westerland mit Hörnum. Bis 1935 war dies die einzige Verkehrsverbindung bis ganz in den Süden; eine befestigte Straße war nur bis Rantum ausgebaut. Der Siegeszug des Individualverkehrs besiegelte dann aber um 1970 das Ende der Inselbahn, an die vor dem Westerländer Bahnhof noch ein Stück Gleis und zwei Räderpaare erinnern. Ein Großteil der Trasse wird aber heute noch als gut ausgebauter Wander- und Radweg von Hörnum nach List genutzt. Einmal im Jahr, im Monat März, gibt sie die Strecke für den Syltlauf vor, der über 33,3 Kilometer von Süd nach Nord führt. Die Siegerzeiten variieren dabei von Jahr zu Jahr – je nach Gegenwind kommen die Läufer früher oder später ins Ziel.

Apropos Wind. Mit diesem muss man auf den Nordfriesischen Inseln natürlich rechnen. Er sorgt dafür, dass es im Sommer meist nicht zu heiß wird, obwohl Sylt zwischen Mai und August zu den sonnenreichsten Orten Deutschlands zählt. Doch genauso schön ist es, sich im Herbst und Frühjahr vom Wind durchpusten zu lassen. Dabei ist es schon eine elementare Erfahrung, wenn man, sandgestrahlt durch die fliegenden Körner, tatsächlich nicht mehr gerade stehen oder gehen kann, ohne umzufallen. Und im Winter ist es durchschnittlich sogar zwei Grad Celsius wärmer als auf dem Festland, wofür der Golfstrom verantwortlich ist. Eigentlich gibt es überhaupt kein schlechtes Wetter auf der Insel – man muss sich nur entsprechend kleiden – und Gummistiefel in den variantenreichsten Ausführungen (sie sind längst nicht mehr nur gelb) gehören ebenso wie diverse Outdoor-Kleidung sowieso zu der Sylt-Ausrüstung der Allermeisten dazu. Denn Sylt ist zu jeder Jahreszeit eine Reise wert.

Und zu jeder Jahreszeit bringen Wetter und Wasser unendlich schöne Bilder hervor: Wolkenformationen wie Gemälde, Dünenlandschaften von Licht durchflutet, das Meer gibt sich sanft und spiegelglatt, dann wieder stürmisch, wild und noch immer gefährlich. Zieht sich das Wasser zurück, bilden Rippelmarken (die Muster, die Strömung und Wellen im Meeresboden hinterlassen) grafische Kunstwerke, auf denen die

Schätze des Meeres zurückbleiben: Braungrüne Girlanden aus Blasentang, grasgrüne Blätter des Meeressalats, die Eiballen der Wellhornschnecken, Seevogelfedern und natürlich die vielen Schalen zum Beispiel der Amerikanischen Schwertmuscheln, der Herzmuscheln und der Tellmuscheln.

Kampf gegen das Meer

Genießt man heutzutage seine Strandspaziergänge, entspannt in luxuriösen Wellnesshotels oder lässt sich in den zahlreichen gehobenen Restaurants der Insel verwöhnen, kann man sich kaum noch vorstellen, dass das Leben auf den Nordfriesischen Eilanden bis zur Mitte des 20. Jahrhunderts oft einem Überlebenskampf ähnelte. Zwar war man nicht in große Kriege verwickelt (obwohl die Geschichte der wechselnden Herrschaften von der dänischen Krone, über die Herzöge von Schleswig bis zu Preußen und Österreich zweifellos ebenfalls äußerst interessant ist), der eigentliche Kampf fand gegen das Meer statt. Hier wurden nicht die Schlachten benannt, sondern die großen Naturkatastrophen, denn auch sie vernichteten Land, Menschen, Häuser und Tiere. 1362 erst bildete die Erste Grote Mandränke, beziehungsweise Zweite Marcellusflut, die vorläufige Gestalt der Nordfriesischen Inseln heraus und begrub in einer einzigen Nacht das sagenumwobene Rungholt in den Fluten – Tausende Menschen starben. Am 1. November 1436 verschlang die Allerheiligenflut das Dorf Eidum und Alt-Rantum. Die Überlebenden des Dorfes Eidum erbauten einige Kilometer nordöstlich eine neue Siedlung, aus der dann Westerland entstand. Gewaltig war 1634 die Zweite Grote Mandränke oder Buchardiflut, der bereits 1643 eine weitere folgte. Allein im Zeitraum zwischen 1650 und 1850 soll Sylt zwei Fünftel seiner Fläche eingebüßt haben. Ganze Dörfer, von denen nur noch die Namen wie Blistum, Wardin oder Steidum übrig sind, wurden vom Meer verschlungen. Noch bei der großen Sturmflut von 1962 gab es auf den Nordfriesischen Inseln große Schäden. Dazu kommen auf Sylt die nach Osten wandernden Sandberge – ganze Siedlungen wie zum Beispiel Rantum wurden im Laufe der Geschichte von den Dünen begraben und mussten an anderer Stelle wiedererrichtet werden.

Küstenschutz

Auch heutzutage gehen die Attacken der Fluten besonders Sylt an die Substanz. Durch seine Lage ist es dem Meer besonders ausgesetzt, was mehrere Meter Küstenschwund jährlich zur Folge hat. Dem versucht man seit Jahrhunderten mit Küstenschutzmaßnahmen entgegenzuwirken. Allgegenwärtig sind auf den Nord-

An der Wattenmeerseite Sylts liegt Keitum, das mit seinen vielen schönen Friesenhäusern und dem alten Baumbestand als idyllischster Inselort gilt. Das typische Friesenhaus ist reetgedeckt und hat einen hohen Giebel über der Tür.

friesischen Inseln die bis zu acht Meter hohen und oft kilometerlangen Deiche. Auf dem Festland und den Inseln zusammen sollen es über 850 Kilometer sein – ein vergleichbares Bollwerk gibt es in ganz Europa nicht. Als Deichschutz unerlässlich sind die Schafe, die den Boden der Deiche festtreten und den Bewuchs kurz halten. Um das Abspülen der Inseln aufzuhalten, probierte man im Laufe der Zeit verschiedenste Methoden: Im 19. Jahrhundert baute man Dämme aus Holzpfählen im rechten Winkel zur Uferlinie ins Meer, später abgelöst von Buhnen aus Metall und Beton. Diese erwiesen sich allerdings als kontraproduktiv, weil sie einen kreisförmigen Neerstrom erzeugten – was auf der einen Seite abgelagert wurde, wurde an der anderen abgetragen. In den 1960er-Jahren wurden sogenannte Tetrapoden aus Beton am Fuß der Dünen verlegt, aber auch sie konnten das Meer nicht aufhalten. Gegenwärtig versucht man, mit teuren Sandvorspülungen die Küstenlinie Sylts zu erhalten – aber ob man auf Dauer, in Zeiten des Klimawandels mit immer stärkeren Stürmen und Sturmfluten, den Kampf gegen das Meer gewinnen kann, ist fraglich.

Reetgedeckt

Zu den idyllischen Inselbildern gehören auf Sylt die reetgedeckten alten Friesenhäuser, meist umgeben von schönen Bauerngärten mit den ebenfalls typischen Friesenwällen – bestes Beispiel ist hier das alte Kapitänsdorf Keitum. Die Bauweise der Wohngebäude hat gleichfalls etwas mit dem Schutz vor den Fluten zu tun. Denn sie wurden nicht mit massiven Mauern errichtet – eine Ständerkonstruktion (manchmal sogar aus alten Masthölzern) dient der Statik. So wurden bei einer Sturmflut zuerst die Backsteinmauern eingedrückt, die tragenden Balken und das Dach als Zufluchtsort blieben erhalten. Der sogenannte Friesengiebel über der Eingangstür hat nicht nur dekorativen Charakter, er sorgt bei einem Brand des Reetdaches dafür, dass der Fluchtweg durch die Tür nicht durch herunterstürzendes, brennendes Reet blockiert wird. Gebaut wurde meist in Ost-West-Richtung, um dem Wind eine möglichst geringe Angriffsfläche zu bieten.
Ein schönes Exemplar eines solchen Gebäudes ist das „Altfriesische Haus“ in Keitum, das zum Museum umgestaltet wurde. 1739 erbaut, ist

es ein typisches Kapitänshaus der Walfängerzeit und besteht aus Wirtschaftsbereich und Wohnbereich, getrennt durch die quer durchs Haus führende Diele. Die Wände sind gefliest oder mit Holz vertäfelt. Die Messingknöpfe des Ofens, der von der Küche aus beheizt wurde und auch die Wohnstube wärmte, sind übrigens abschraubbar, damit man sie sich als Handwärmer in die Taschen stecken konnte. Besonders repräsentativ ist der Pesel (Stube) eingerichtet, der für Familienfeiern genutzt wurde und in dem Gäste empfangen wurden. Auf die Zeit des Walfangs verweist auch der Eingang des benachbarten Sylter Heimatmuseums, ebenfalls ein historisches Kapitänshaus direkt am Keitumer Kliff, der aus zwei riesigen Walkieferknochen besteht.
Taucht man im Altfriesischen Haus in die Wohnkultur des 18. Jahrhunderts ein, hat die Insel mit heutigen Wohngelegenheiten ein ganz anderes Problem. Gemeint ist bezahlbarer Wohnraum für Leute, die das ganze Jahr auf der Insel leben. So zahlt man inzwischen für kleinste Apartments mehrere hundert Euro Kaltmiete. Grund ist selbstverständlich der Tourismus, von dem aber wiederum die allermeisten Einheimischen leben. Zahlreiche betuchte „Zugewanderte" haben hier einen Zweitwohnsitz, viele Häuser beherbergen nur noch Ferienwohnungen und die Immobilienpreise erreichen – insbesondere in Kampen – astronomische Höhen. Immer mehr Sylter weichen auf das Festland aus und pendeln zur Arbeit auf die Insel – an die 6000 Personen sollen es täglich sein. Dazu gehören auch, zumindest teilweise, die Mitarbeiter des Bahnhofs Westerland, in dem der Fahrkartenschalter so zunächst geschlossen bleibt, wenn der Zug von Niebüll wegen einer Baustelle Verspätung hat.

Mythos Sansibar

Ein Zugereister ist übrigens auch der Besitzer der vielleicht berühmtesten „Location" auf Sylt. Die Rede ist von der weithin bekannten Sansibar in den Rantumer Dünen. Deren Patron Herbert Seckler, gebürtiger Schwabe, brachte den einstigen Erbsensuppen-Kiosk mithilfe des Stuttgarter Kochs Vincent Klink an die Spitze der Gourmetlisten. Die überaus umfangreiche Weinkarte übersteigt die Auswahlfähigkeiten eines Normalverbrauchers und in einem Dünensandverlies sollen Spitzenweine der Welt lagern. Die gekreuzten Schwerter als Markenzeichen findet man inzwischen auf allen möglichen Produkten – von Gewürzmischungen über Kleidung bis hin zu Wein und Whisky. Von den Nobelkarossen des großen Parkplatzes sollte man sich nicht abschrecken lassen, will man einen Hauch des Mythos Sansibar erhaschen.

Nicht nur Windsurfer nutzen den Wind und die Brandung vor dem Weststrand Sylts. In Westerland findet jeden Sommer der Kitesurf Cup Sylt statt.

Und während der Saison sollte man frühzeitig daran denken, ein Plätzchen in der an eine große Strandhütte erinnernden Sansibar oder dem schönen Außenbereich zu reservieren.

Kirchenkunst

Freien Zutritt ohne großen Andrang hat man aber zumeist zu Architektur ganz anderer Art. Und für den Besuch der Gotteshäuser der Insel muss man noch nicht einmal etwas zahlen. Die älteste Kirche ist St. Severin in Keitum, die auf dem höchsten Punkt des Sylter Geestkerns erbaut wurde. Schiff und Chor sind romanischen Ursprungs, ältester Teil des Gebäudes ist der Dachstuhl, der aus dem Jahre 1216 stammt und somit als der älteste Dachstuhl Norddeutschlands gilt. Auf noch frühere Zeiten verweist der Stein des Brunnens vor der Apsis der Kirche. Er wurde bei einer Renovierung entdeckt und soll in vorchristlicher Zeit der Opferstein eines heidnischen Freya-Heiligtums gewesen sein. Beim Bau der Kirche benutzte man ihn als Schwellenstein, auf dem man seinen alten Glauben symbolisch „abtrat". Der Turm wurde erst um 1450 errichtet und ist das einzige backsteingotische Baudenkmal auf Sylt. Er war nicht nur Glockenturm, sondern auch Zufluchtsort und wurde als Gefängnis genutzt. Außerdem war er als weithin sichtbare Landmarke für die Seefahrt wichtig.

Eine gute Vorstellung davon, wie die alten Sylter Kirchen ausgesehen haben, bekommt man ebenfalls bei St. Martin in Morsum. An das einfache Kirchenschiff schließt sich ein Chor mit einer halbrunden Apsis an. Ohne Turm erbaut, hängt die Glocke an einem offenen hölzernen Gestell. Typisch für die älteren Gotteshäuser der Nordfriesischen Inseln ist ein seitliches Vorhaus, Kalefaster genannt, das früher wahrscheinlich zum Aufwärmen diente.

Aber auch die neueren Kirchen sind durchaus einen Besuch wert: So ist die Altarwand der Wenningstedter Friesenkapelle etwas ganz Besonderes: Sie wurde mit blau-weißen Fliesen versehen. Einen Blick wert ist weiterhin die mit biblischen Motiven ausgemalte Decke, und auf einem umlaufenden Spruchband kann man das Vaterunser auf Sölring, dem friesischen Dialekt der Insel Sylt, nachlesen.

In der unweit des Bahnhofs von Westerland gelegenen Kirche St. Nicolai findet man noch ein Stück des untergegangenen Eidum: Der romanische Taufstein ist das älteste Stück der 1908

Einmal muss man hier gewesen sein: Die berühmte Sansibar liegt in den Dünen wenige Kilometer südlich von Rantum. Zum Markenzeichen sind die zwei gekreuzten Säbel geworden, die inzwischen viele Produkte zieren.

eingeweihten Kirche, die auch moderne Glaskunst zeigt. Die zwei großen Glaswände des Vorraums wurden von dem lange Zeit in Keitum ansässigen Künstler Hans-Jürgen Westphal geschaffen.

Keine Langeweile

In einigen Inselkirchen finden hörenswerte Konzerte statt – die Mittwoch-Abend-Konzerte in der St.-Severin-Kirche in Keitum sind regelmäßig ausverkauft und in der Friesenkapelle gibt es im Sommer klassische Konzerte. In der Westerländer Musikmuschel an der Strandpromenade wird seit mehr als hundert Jahren regelmäßig in den Sommermonaten in verschiedensten Stilrichtungen vor der einzigartigen Kulisse der Nordsee musiziert. Aber auch Literatur hat ihren Platz auf der Insel: Von Juni bis September lockt der Kampener Literatur- und Musiksommer mit Lesungen und Vorträgen namhafter Künstler. Zu einem Kunst- und Genusshaus hat sich auf Sylt der gläserne Trinkpavillon der Sylter Mineralwasserquelle in Rantum entwickelt. Neben den kulinarischen Spezialitäten goutiert man im ersten Stock Werke zeitgenössischer Künstler. Im Juli und August kommen dann bekannte Kabarettisten aus ganz Deutschland hierher zum „Meerkabarett". Wer Party machen will, hat auf Sylt die Qual der Wahl: So kann man zum Beispiel die Nächte im legendären „Pony" in Kampen, mittlerweile Deutschlands ältestem Disco-Club, durchfeiern oder in der „Wunderbar" in Westerland zu bekannten Schlagern tanzen. Über aktuelle Beach-Partys informiert die Facebook-Seite „Partyszene Sylt". Oder man schlürft seinen Champagner oder Cocktail an einer der legendären Außenbars des Strönwai, der Whiskymeile Kampens.
Für Kinder bietet sich bei schlechterem Wetter ein Besuch des Tinnumer Tierparks an, in dem es zwar keine Elefanten oder Löwen zu bestaunen gibt, dafür viele Vögel, Schafe, Esel und Ponys. Im Juli und August macht der InselCircus in Wenningstedt Station. Neben Shows mit Musik, Artistik und Clownerie darf man hier auch mitmachen: Es gibt Kurse für Kinder und Erwachsene. Eine Schiffsfahrt zu den Robbenbänken von List oder Hörnum aus ist für Groß und Klein ein Vergnügen. Auf große Piratenfahrt geht es ebenfalls von List aus: Der nach der Tänzerin Gret Palucca benannte Kutter fährt circa zwei Stunden auf das Meer hinaus.

Strandräuber

Kaperten die Sylter vielleicht nicht auf hoher See fremde Schiffe, so gibt es in der Geschichte der Insel durchaus ein der Piraterie vergleichbares Kapitel. So tat man sich gerne an der Ladung der bei Sturm vor der Küste gekenterten Schiffe gütlich. Es wurden sogar falsche Leuchtfeuer angezündet, um die Schiffe an den Strand zu locken, und so mancher Schiffbrüchige erreichte zwar das rettende Land, fiel dort aber in die Hände der Strandräuber.

Viel Zeit können Kinder wie Erwachsene im großen, rot-blauen „Erlebniszentrum Naturgewalten" in List auf Sylt verbringen. Die interaktive Ausstellung widmet sich drei großen Themenkomplexen: Im Bereich „Klima, Wetter, Klimaforschung" werden schwierige Sachverhalte anschaulich erklärt. Man erfährt zum Beispiel, was ein Polarforscher so alles anziehen muss, oder das Ansteigen des Meeresspiegels wird demonstriert. Im Bereich „Leben mit Naturgewalten" wird unter vielem anderen gezeigt, wie sich die Tiere an das Watt angepasst haben, und im letzten Komplex „Kräfte der Nordsee" berichten Zeitzeugen über die Sturmfluten, kann man im „Sturmraum" erleben, wie sich starker Wind anfühlt oder selbst eine Welle erzeugen. Im Außenbereich gibt es einen großen Spielplatz und im Seetierbecken kann man einige Bewohner der Nordsee kennenlernen. Aber auch im Süden der Insel erfährt man viel über die Sylter Natur und Umwelt: Die Erlebnis-Ausstellung „Arche Wattenmeer" lädt Besucher ein, die Vielfalt und Lebendigkeit der Nordsee spielerisch zu begreifen. Untergebracht ist die Ausstellung mit einigen Aquarien in der ehemaligen katholischen Kirche St. Josef in Hörnum. Man sieht, wem auf Sylt langweilig wird, ist selber schuld – sogar bei dem allerschlechtesten Wetter. Und dabei haben wir noch gar nicht von den vielfältigen Sport- und Wellnessangeboten gesprochen: Von Golf über Radfahren, Reiten, Segeln, Surfen oder Yoga gibt es unzählige Möglichkeiten auf der Insel. Und in den kühleren Jahreszeiten schwimmt man eben im Nordseewasser der „Sylter Welle" und genießt die Hitze der zahlreichen Saunen.

Naturerlebnis

Doch ganz ehrlich: Das allerbeste Freizeitvergnügen ist und bleibt ein Spaziergang in den faszinierenden Sylter Landschaften: Sei es am circa 40 Kilometer langen westlichen Sandstrand der Brandungsküste mit dem berühmten Roten Kliff zwischen Wenningstedt und Kampen, an dem man übrigens, wenn man Glück hat, Schweinswale und Robben beobachten kann. Oder in dem Dünengebiet bei List, in dem die große Wanderdüne einem fast vor-

Weiß-blaue Strandkörbe vor rot-weißem Leuchtturm. Das 1907 erbaute Seezeichen wurde aus Metallplatten zusammengeschweißt und beherbergte zu Beginn des 20. Jahrhunderts die kleine Schule von Hörnum: Das Klassenzimmer lag hinter dem weißen Ring.

gaukelt, in einem Gebirge aus Sand unterwegs zu sein, wobei die höchste Erhebung auf Sylt, die Uwe-Düne gerade einmal 52,5 Meter misst. Die urwüchsige Braderuper Heide verwandelt sich im Sommer in ein einziges rosa-fliederfarbenes Blütenmeer. Radelt oder spaziert man auf der Deichkrone des Rantumer Beckens, wird man begleitet von unzähligen Vogelstimmen, und die Salzwiesen bilden den natürlichen Übergang vom Land zum Wattenmeer. Am rund 20 Meter hohen Morsum-Kliff kann man die Erdgeschichte an der Oberfläche studieren. Wegen seiner geologischen Bedeutung steht es seit 1923 unter Naturschutz und ist somit neben dem Listland das älteste Schutzgebiet der Insel. Und bei all diesen Aktivitäten, beim gemütlichen Spazierengehen, beim Walken oder Wandern sowie beim Radfahren bewegt man sich in der so unglaublich wohltuenden Luft, die Nase und Bronchien befreit. In der herrlichen Sylter Landschaft erlebt man die schönsten Momente, die beeindruckendsten Bilder, ist der Natur und sich selbst ganz nahe. Hier findet man Ruhe und Erholung wie an sonst nur ganz wenigen Plätzen auf der Welt.

Seite 22/23:
Die Hörnumer Odde ist die Südspitze der Insel. Die Sand- und Dünenlandschaft entstand erst in den 1920er-Jahren durch Anschwemmungen, doch schon seit den 1970er-Jahren schrumpft dieser Teil der Insel wieder.

Seite 24/25:
Felder, Weideflächen, Marsche und Wattwiesen bestimmen die Landschaft bei Morsum ganz im Osten der Insel. Zahlreiche bronze- und eisenzeitliche Hügelgräber weisen auf eine frühe Besiedlung des Landstrichs hin.

Westerland und der Osten der Insel

Beschaulichkeit und Ruhe findet man in den weiten Landschaften des Ostens von Sylt, zum Beispiel in der Nähe des Morsum-Kliffs. Vom mitunter turbulenten Badebetrieb an der Westküste ist man hier ganz weit entfernt.

Reist man mit der Bahn über den Hindenburgdamm heißt der Zielbahnhof zumeist Westerland. Ist die Halle des um 1925 entstandenen Bahnhofs mit Jugendstilelementen durchaus einen Blick wert, wird man auf dem Bahnhofsvorplatz von einem giftgrünen Kunstwerk überrascht, dem man höchstwahrscheinlich mehrere Blicke zuwirft: Die „Reisenden Riesen im Wind" des Kieler Künstlers Martin Wolke wurden 2001 aufgestellt und waren auch wegen ihres hohen Preises nicht unumstritten. Aufmerksamkeit erregt die Familie mit zwei Kindern und teilweise verdrehten Köpfen jedoch allemal. Weniger interessant ist die eher funktional-nüchterne Architektur der Inselmetropole, bei der es durchaus die eine oder andere Ausnahme gibt, wie das Ende des 19. Jahrhunderts erbaute Rathaus oder das Gründerzeithotel Miramar an der Kurpromenade. Friedrichstraße und Strandstraße sind beliebte Shoppingmeilen, unzählige Cafés und Restaurants sowie ein reges Nachtleben, aber auch seine schöne Lage an der Westküste machen den Reiz Westerlands aus.

Fast mit Westerland zusammengewachsen ist der Ort Tinnum. Zusammen mit Archsum, Morsum, Keitum und Munkmarsch bildete er einst die Großgemeinde Sylt-Ost. Im 19. Jahrhundert war Munkmarsch sogar der Haupthafen der Insel und wichtigster Ankunftsort der damaligen Badegäste, was durch den Bau des Hindenburgdammes 1927 aber sein Ende fand. Keitum ist einer der ältesten und vielleicht der schönste Ort der Insel. Bis ins 19. Jahrhundert sogar Hauptort von Sylt lockt er mit seinen schmucken Kapitänshäusern an baumbestandenen Straßen und der alten Kirche St. Severin. Die Hauptattraktion von Morsum ist das gleichnamige Kliff, an dem man fünf Millionen Jahre Erdgeschichte studieren kann. In dem alten friesischen Bauernort Archsum stand einst die Archsumburg aus der Eisenzeit. Die Landschaft der sogenannten Nössehalbinsel wird geprägt von den Weiden der Marsch und den Ausblicken auf das Wattenmeer.

1859
1837
1853
1873
1887
1815
1817
1835
1822
1890
1761
1772
1872
1826
1810

Seite 28/29:
Strandkorb an Strandkorb am Strand von Westerland – zur Hochsaison ist es bei den Orten an der Westküste etwas schwierig ein einsames Plätzchen zu finden. Wem es zu viel wird, der kann an das Wattenmeer ausweichen, in dem man allerdings nicht zu jeder Zeit baden kann.

Badevergnügen am Strand von Westerland. Im Hintergrund erhebt sich das große, nicht sehr attraktive Hochhaus an der Kurpromenade, das man aber zum Glück nicht im Blick hat, wenn man auf das Meer schaut.

Nicht nur zum Baden, auch zum Windsurfen und Segeln lädt der Strand von Westerland ein. Am sogenannten Brandenburger Strand findet Ende Juli der Deutsche Windsurfing Cup statt.

Oben:
Bei Ebbe kann man viele interessante Entdeckungen an der Wasserkante machen. Neben Muscheln findet man zum Beispiel kleine Krebse bei den Steinen.

Links:
Obwohl die Wassertemperatur der Nordsee vor Sylt selbst im August nur durchschnittlich 17 Grad Celsius erreicht, macht das Baden bei Westerland Spaß. Die Wasserqualität wird regelmäßig überprüft.

Unten:
Musikgenuss vor Meeres-kulisse: An der Musik-muschel der Kurpromenade von Westerland werden Evergreens, aber auch klassische Musik zum Besten gegeben.

Rechts oben:
Bunte Farbtupfer setzen die Segel der Kitesurfer beim Kitesurf Cup Sylt vor Westerland in den weiß-blauen Himmel.

Rechts Mitte:
Rasant gleiten die Teilnehmer des Kitesurf Cup Sylt in Westerland durch die wilde Brandung.

Rechts unten:
Vom Strand aus betrachten die Zuschauer die wilden Fahrten und spektakulären Sprünge der Kitesurfer beim Kitesurf Cup Sylt.

POWERKITES
ROSENGARTEN
WERNER
&
FARBER
FRISEUR

Links:
Neben der Strandstraße ist die Friedrichstraße (im Bild) die Hauptflanier- und Einkaufsmeile Westerlands. Neben den vielen Geschäften aller Art laden auch zahlreiche Cafés und Restaurants zum Verweilen ein.

Unten:
Wenn man aus dem Westerländer Bahnhof tritt, sieht man sie sofort: die „Reisenden Riesen im Wind". Die giftgrüne Riesenfamilie trifft vielleicht nicht jedermanns Geschmack – Aufmerksamkeit ist ihr jedoch sicher. Seit 2001 stehen die Figuren des Künstlers Martin Wolke auf dem Bahnhofsvorplatz.

Oben:
In seinem Restaurant „JM" serviert der vielfach ausgezeichnete Gourmetkoch Jörg Müller seine Köstlichkeiten wie zum Beispiel Wildtaubencarpaccio mit Trüffeln, aber natürlich auch viele erlesene Fischgerichte.

Die Sylter Tee Company in der Strandstraße Westerlands bietet unzählige Sylter Teekreationen vom Früchtetee „Moin, Moin" bis zum „Sylter Sonntagstee" oder den „Sylter Goldspitzen". Außerdem gibt es Teebecher, Kannen und Stövchen, verschiedene Sorten Kandis, Honig oder Zuckerspezialitäten und vieles mehr.

Ausrüstung für Kitesurfer, bunte Drachen oder Jonglierzubehör findet man in der Drachenhöhle Sylt in der Friedrichstraße.

Links und ganz links:
Über hundert Jahre gibt es das Unternehmen Wegst bereits. In dem Haus an der Ecke Friedrichstraße/ Elisabethstraße kann man schöne Syltsouvenirs, Geschenke, Uhren und Schmuck erstehen. Der Elefantenkopf an der Hausfassade erinnert an die frühere Elfenbeinschnitzerei des Unternehmens Wegst, das insbesondere durch seinen Friesenschmuck bekannt wurde.

Ganz links:
Windspiele und pädagogisches Spielzeug gehören ebenfalls zum Sortiment der Drachenhöhle Sylt, die etwas versteckt in einem Hinterhof der Friedrichstraße liegt.

Links:
Von der Schuhbürste oder Fingernagelbürste über die Haarbürste bis zum großen Besen – Bürsten aller Art bietet das Bürstenhaus Redecker ebenfalls in der Friedrichstraße.

Rechts:
Badespaß zu jeder Jahreszeit bietet die Sylter Welle. Das Freizeitbad am Strandübergang Strandstraße in Westerland hat unter anderem ein schönes Kinderbecken, ein Wellenbecken und einen Whirlpool.

Unten:
Im Süden Westerlands liegt das Sylt Aquarium. In großen Becken betrachtet man hier das Leben in der Nordsee, aber auch die Meeresbewohner in den Tropen.

Oben:
Fasziniert beobachtet man die Fische in dem Panoramatunnel des Sylt Aquariums. In insgesamt circa einer Million Liter Meerwasser tummeln sich mehr als 1000 Fische und andere Wassertiere.

Links:
„Bahn frei!", heißt es auf der 110 Meter langen „X-Tube"-Rutsche der Sylter Welle. Aber auch auf der „Black-Hole"-Rutsche und der sogenannten Turbo-Rutsche kann man viel Spaß haben.

Linke Seite:
Spektakuläre Sonnenuntergänge sind auf Sylt nicht selten. Besonders gut lassen sie sich am Weststrand beobachten, wenn die untergehende Sonne die Dünen bei Westerland in rötliches Licht taucht.

Himmelsbilder, wie Maler sie nicht schöner erfinden könnten. Traumhafte Sonnenuntergänge, hier bei Westerland, gehören zu den besonders erinnerungswürdigen Sylt-Erlebnissen.

Unten:
Tief hängen die Wolken über dem Wattenmeer bei Munkmarsch. Zu früheren Zeiten war der Hafen von Munkmarsch das sogenannte „Tor zu Sylt“, in dem die Badegäste anlandeten. Dann bekam der Ort aber Konkurrenz durch den Hafen von Hörnum und ab 1927 dann durch den Hindenburgdamm.

Links:
Segelboote im Hafen von Munkmarsch vor dem Fährhaus aus dem Jahre 1869. Dort ist heute unter anderem ein vielfach ausgezeichnetes Gourmet-Restaurant untergebracht, in dessen Küche Alexandro Pape zaubert.

Ganz unten:
Auf der Wattenmeerseite von Sylt, hier bei Munkmarsch, liegen die Boote zeitweise auf dem Trockenen. Hier geht es ruhiger zu als am berühmten Weststrand mit dem lebhaften Badebetrieb.

Oben:
Mit seinen idyllischen Häusern und den alten Bäumen gilt Keitum als schönstes Dorf der Insel. Zu den reetgedeckten Anwesen gehört typischerweise ein Garten, der von einem sogenannten Friesenwall umgeben ist – hier mit pinken Rosen bewachsen.

Rechts:
Das Innere von St. Severin in Keitum bewahrt als ältestes Stück einen romanischen Taufstein, eine Kanzel aus der Frührenaissance sowie einen Schnitzaltar aus dem 15. Jahrhundert. Die niederländischen Kronleuchter sind Stiftungen von Kapitänen aus dem späten 17. Jahrhundert.

Oben:
St. Severin von Keitum ist die älteste Kirche der Insel und besteht aus verschiedenen Bauteilen: Der Turm wurde um 1450 errichtet, das Kirchenschiff, der Chor und die Apsis wurden ursprünglich in der Romanik aus Granitquadern, rheinischem Tuff und Backsteinen gebaut. Das Vorhaus an der Südseite heißt Kalefaster, diente wahrscheinlich als Aufwärmraum und wurde im 15. Jahrhundert angefügt.

Links:
Geschützt sitzt man zwischen den beiden Flügeln dieses Friesenhauses in Keitum. Wohlstand erlangten die Bewohner insbesondere zur Zeit des großen Walfangs von der Mitte des 17. Jahrhunderts bis um 1800.

Links:
Weit ist der Horizont auch am Wattenmeer: Wolkenlandschaftsbild bei Keitum im Osten der Insel.

Unten:
Die Gegend um Keitum war schon zu prähistorischer Zeit besiedelt. Davon zeugt zum Beispiel das Steingrab Harhoog aus der Zeit um 2500 v. Chr. Ursprünglich stand das Grab im Nordwesten von Keitum, wurde aber wegen des Flugplatzes an den Deich verlegt.

Oben:
Mit dem Fahrrad unterwegs am Wattenmeer: Im Hintergrund sind die Häuser und das Grüne Kliff von Keitum zu erkennen, überragt von St. Severin, dessen Turm früher auch ein wichtiges Seezeichen war.

HEIMATMVSEVM

Linke Seite:
Die großen Unterkieferknochen eines Finnwales markieren den Eingang zum Sylter Heimatmuseum in Keitum. Der Wal strandete im Februar 1998 in Wenningstedt. Ab Mitte des 17. Jahrhunderts war der Walfang die Haupteinnahmequelle der Sylter Bevölkerung. Da Holz auf der Insel knapp war, errichtete man Zäune und Tore häufig aus Walknochen.

Ringreiten hat eine lange Tradition auf der Insel. 1861 gründete sich der erste Ringreiterverein. Bei Wettkämpfen versuchen die Reiter immer kleinere Ringe mit ihren langen Lanzen zu treffen.

Keitum gilt auch als Dorf der Kunsthandwerker. Hier fertigt Silke Wessel in der Weewel-Kaamer zarte Stoffe an ihrem alten Handwebstuhl.

Biikebrennen, Ringreiten und Maskenlauf – kleiner Sylter Festkalender

Am Abend des 21. Februar, dem Vorabend des Petritages, kann man überall auf den Nordfriesischen Inseln große Feuer lodern sehen – das Biikebrennen ist eines der wichtigsten Feste in dieser Region. Dieser Brauch hat eine uralte Tradition. In heidnischen Zeiten könnte er zur Vertreibung der Wintergeister gedient haben, wie auch heute wieder, wenn dabei eine lebensgroße Strohpuppe, der Piader oder Petermann, verbrannt wird. Auf Sylt übernimmt die Rolle eine Tonne, ein großes Holzfass, die auf einem Pfahl mitten in den Flammen thront. Kippt sie, ist der Winter vertrieben. Nach der Christianisierung wurde das Fest mit dem Gedenktag für den Apostel Petrus verbunden. Während der Zeit der großen Seefahrten soll das Biikebrennen zur Verabschiedung der Walfangmannschaften vor ihren langen und gefährlichen Reisen veranstaltet worden sein. Heute ist es jedenfalls ein Volksfest für Insulaner und Besucher, und wenn der Stapel niedergebrannt ist, geht es zum Grünkohlessen in diverse Gasthäuser.
Fast ins Mittelalter versetzt fühlt man sich bei den Turnieren des Ringreitens ab Pfingstsonntag auf Sylt. Der Ursprung dieser an Ritterspiele erinnernden Veranstaltungen soll bereits im 14. Jahrhundert liegen. Richtig in Mode kam das Ringreiten aber erst um die Mitte des 19. Jahrhunderts – damals wurden erste Ringreitervereine auf Sylt und Föhr gegründet. Bei den Wettbewerben in der Zeit von Mai bis August muss der Reiter dreimal hintereinander auf einem galoppierenden Pferd einen Metallring auf eine Holzlanze aufspießen, welcher an einem Magneten an einer Schnur zwischen zwei meterhohen Pfosten hängt. Der Ring wird von Durchgang zu Durchgang kleiner bis hin zum Königsring, der nur noch einen Durchmesser von 1,3 Zentimeter hat. So wird über mehrere Turniere der Ringreiterkönig, beziehungsweise die Ringreiterkönigin ermittelt. Nach dem Turnier und der Krönung folgen Umzüge mit prachtvollen Uniformen – jeder Ringreiterverein hat seine eigene, Orden und Wimpel schmücken die Lanzen.

Weihnachten, Silvester, Ostern

Wer ein echter Friese ist stellt sich zu Weihnachten übrigens nicht einen grünen Tannenbaum ins Wohnzimmer, beziehungsweise Pesel. Da Nadelbäume zu früheren Zeiten auf der Insel selten waren, baute man sich einen Ersatz: An einem Holzstab sind Querlatten angebracht, an denen dann ein Kranz aus immergrünen Zweigen, der Weihnachtsschmuck und Figuren aus Salzteig gehängt wurden: traditionell unter anderem Adam und Eva, ein Pferd als Symbol der Ausdauer und Stärke, ein Hund zum Zeichen der Treue und ein Hahn für die Wachsamkeit. Der Jöölboom oder auch Sylter Friesenbaum wurde erst in den 1980er-Jahren wiederentdeckt. Nur noch in den Dörfern im Osten Sylts hat sich der Brauch des Maskenlaufens zu Silvester erhalten. In kleinen Gruppen zogen einst maskierte Sylter zu den Nachbarn und trugen Spottgedichte und Ständchen vor. Neueren Datums ist der Brauch des Neujahrsbadens in Wenningstedt, das garantiert den Silvesterkater vertreibt. Zu Ostern suchen nach einer alten Tradition die Sylter Kinder nicht nach Eiern, sie werfen oder rollen sie. So zum Beispiel vom Grünen Kliff in Keitum – wessen Ei den Sturz übersteht, darf weiterspielen. Auch beim Eierrollen gilt, wer das bruchsichere sein eigen nennt, hat gewonnen.
Zu diesen althergebrachten Bräuchen gesellen sich unzählige neue Festivitäten wie zum Beispiel das Beach-Polo-Turnier zu Pfingsten in Hörnum oder das German Polo Masters, bei dem sich die internationale Elite der Polospieler an zwei Wochenenden im Juli und August in Keitum misst. Wer lieber dem sportlichen Kräftemessen auf dem Wasser zuschauen möchte, kann dies beim Deutschen Windsurf Cup im Juli vor Westerland oder beim Cat Festival in Hörnum, einer Katamaranregatta. Für Läufer ein Muss ist natürlich der Syltlauf von Hörnum nach List im März. An einem Augustwochenende genießt man ein maritimes Programm beim Hörnumer Hafenfest, Literaturbeflissene besuchen die Veranstaltungen des Kampener Literatursommers. Für Genießer lohnt sich das Gourmet Festival Sylt.

Links: *Während der Sommersaison finden in der Musikmuschel an der Westerländer Strandpromenade abends regelmäßig Kurkonzerte statt.*

Oben: *Ringreiten in Keitum unter dunklem Himmel: Mit einer Lanze muss man den zwischen den beiden Pfosten befestigten kleinen Ring vom Rücken des Pferdes aus aufspießen.*

Kleine Bilder rechts von oben nach unten: *Spektakuläre Sprünge vor wilder Brandung bieten die Teilnehmer des Kitesurf Cup Sylt vor Westerland den Zuschauern.*

Beach Polo World Cup in Hörnum auf Sylt: Statt auf Rasen wird im Sand gespielt, was für die Pferde natürlich anstrengender ist.

Hoch in die Luft hebt die Sylter Brise die Wettstreiter des Kitesurf Cup Sylt vor Westerland.

Auf Sylt ist zu jeder Jahreszeit etwas geboten – vom Syltlauf im Frühjahr über diverse Wassersportveranstaltungen wie hier der Kitesurf Cup Sylt bis zum Biikebrennen im Februar wird es nie langweilig.

Küstenschutz der tierischen Art: Diese Schafe auf dem Deich bei Morsum im östlichen Teil der Insel festigen durch ihre Tritte mit den kleinen Hufen den Boden und regen durch das beständige Abgrasen das Wachstum der Wurzeln des Deichgrases an, was die pflanzliche Schutzschicht widerstandsfähiger macht.

Seite 54/55:
Am Wattenmeer liegt das Morsum-Kliff, das sich 21 Meter hoch erhebt. Die Gesteinsschichten mit ihren verschiedenen Farben liegen hier offen zutage. Beinahe wäre das Kliff als Baumaterial für den Hindenburgdamm abgetragen worden, doch dann wurde das Gebiet unter Naturschutz gestellt.

Unten:
Ländliche Idylle in der weiten Streusiedlung Morsum: Das reetgedeckte Friesenhaus aus der Mitte des 19. Jahrhunderts besitzt einen typischen Friesengiebel über der blauen Eingangstür.

Ganz unten:
An das Langhaus schließt sich ein etwas niedrigerer Chor mit einer halbrunden Apsis an und auch das Kalefaster genannte Seitenhaus fehlt nicht: St. Martin in Morsum wurde wohl im 13. Jahrhundert erbaut und entspricht unter anderem mit seiner Bauweise ohne Glockenturm den frühesten Inselkirchen.

Rechts:
Weit verstreut liegen die Anwesen des Inselortes Morsum in der Landschaft. Noch im 18. Jahrhundert lebten hier die meisten Einwohner Sylts.

Links:
Blick vom Morsum-Kliff auf das Wattenmeer. Nicht nur für geologisch Interessierte ist das Gebiet einen Besuch wert: Hier gibt es auch zwei große Grabhügel aus der Bronze- und Jungsteinzeit, Wikingergräber und einige seltene Pflanzenarten wie das gefleckte Knabenkraut.

Unten:
Der Hindenburgdamm aus der Luft: Seit 1927 verbindet der über elf Kilometer lange Damm Sylt mit dem Festland. Ursprünglich eingleisig erbaut ist die Strecke seit 1972 zweigleisig.

Oben:
Marschlandschaft bei Morsum. Zur Entwässerung sind die flachen Wiesen von zahlreichen Kanälen durchschnitten.

Von Rantum zur Hörnumer Odde – der Süden

Strandidylle bei Hörnum an der Südspitze Sylts. Erst zu Beginn des 20. Jahrhunderts entwickelte sich um den Hafen der Ort, der 1918 nur 21 Einwohner zählte.

In Rantum sind sich Wattenmeer und Nordsee ganz nah: Nur circa 500 Meter misst hier eine der schmalsten Stellen der Insel. Meer und Sand bedrohten den Ort im Laufe seiner Geschichte immer wieder, Alt-Rantum wurde von den Dünen „verschluckt". Der Hafen des Ortes liegt am Wattenmeer, bei Ebbe liegen die Boote auf dem Trockenen. Dort beginnt auch der Deich, der das Rantumbecken vom Wattenmeer abgrenzt. Mitte der 1930er-Jahre wurde er erbaut, um ein Wasserbecken für die Landung und den Start für Wasserflugzeuge zu erhalten. Heute ist es das größte und artenreichste Vogelschutzgebiet an der deutschen Küste. Noch eine Besonderheit gibt es in Rantum: Seit 1993 wird hier das Mineralwasser der Sylt-Quelle in Flaschen abgefüllt. Im Rundbau der Sylt-Quelle findet im Sommer zudem das „Meerkabarett" statt. Weiter Richtung Süden sollte man nicht versäumen, circa zwei bis drei Kilometer hinter dem Ortsausgang von Rantum in der legendären Sansibar einzukehren.
Der südlichste Ort der Insel ist zugleich deren jüngster: Zwar lebten hier früher schon einige Fischer und Strandräuber, eine richtige Ortschaft entstand allerdings erst mit dem Bau einer Schiffsanlegestelle am natürlichen Hafen, an der die Badegäste ab 1901 nach kürzerer Fahrtzeit von Hamburg ankamen. Noch heute ist der Hafen das Kernstück von Hörnum, an dem die Ausflugsschiffe Richtung Föhr, Amrum und Hallig Hooge sowie zu den Seehundbänken abfahren. Überragt wird der Ort vom rot-weißen Leuchtturm, in dem zu Beginn des 20. Jahrhunderts die kleinste Schule Deutschlands ihr Klassenzimmer hatte. Ein großartiges Naturerlebnis bietet die Hörnumer Odde – die Südspitze der Insel wird auf drei Seiten vom Meer umtost.

Rechts:
Auf dem circa vier Kilometer langen Deich des Rantumbeckens kann man wunderbar spazieren gehen oder Rad fahren und dabei die vielen Vögel des Naturschutzgebietes beobachten. Je nach Windstärke kann das allerdings durchaus anstrengend sein.

Links:
Das Rantumbecken entstand Mitte der 1930er-Jahre, als das Militär hier ein Wasserbecken für Seeflugzeuge schaffen wollte. Heute bilden Sumpf, Wasser und Sand ein einzigartiges Biotop für über 250 Vogelarten.

Links:
Herrlich in die Dünenlandschaft eingebettete reetgedeckte Häuser bietet die Ortschaft Rantum an der Nordseeseite. Wattenmeer und Nordsee sind hier nur wenige hundert Meter voneinander entfernt.

Unten:
Auch wenn die meisten Häuser von Rantum nicht sehr alt sind, bieten sie in ihrer friesischen Bauweise ein schönes Ortsbild. Durch das Dünengebiet auf der Westseite bewegt man sich teilweise auf Holzstegen.

Ganz unten:
Sylter Strandkörbe werden beim einzigen Hersteller auf der Insel in der Hafenstraße von Rantum noch von Hand gefertigt. Vom Einsitzer bis zum Dreisitzer und in verschiedenen Farben wird dieses ganz spezielle Möbel weltweit geliefert.

Oben:
Mineralwasser auf Sylt: Das Wasser entstammt einer Quelle unter den Dünen und wird seit 1993 im Hafen von Rantum abgefüllt. Doch hier findet auch Kunst statt: der „kunst:raum sylt quelle“ ist Ort für Ausstellungen, fest installierte Skulpturen und Veranstaltungen – hier der Rundbau des Quellenhauses.

Rechts:
Auf dem Gelände des „kunst:raum sylt quelle“ steht seit 2006 auch die Bronzegussskulptur „Fischträger“ von Trak Wendisch. Das Ensemble misst circa drei mal vier Meter.

Links:
Groß ist der Hafen von Rantum nicht und während der Ebbe liegen die Boote auf dem Boden des Wattenmeeres trocken. Hier beginnt auch der Deich rund um das Rantumbecken.

Unten:
Der Mythos Sansibar: Bei gutem Wetter sind die Außenanlagen des beliebten Strandrestaurants immer voll besetzt. Die Kinder vergnügen sich inzwischen auf dem danebenliegenden Spielplatz. Abends hat man ohne Vorbestellung keine Chance auf einen Platz in oder vor der Sansibar.

Oben:
Sterneküche bietet das Hotel und Restaurant „Söl'ring Hof" direkt am Weststrand in Rantum. Johannes King zaubert hier mit regionalen Produkten kulinarische Kunstwerke.

Rechts:
Sonnenuntergänge an Sylts Weststrand sind nicht nur im Sommer schön, auch im Herbst ergeben sich sehenswerte Himmelsbilder über dem Meer.

Ganz rechts:
Buddeln im Sand kann man auch im November. Entsprechend eingepackt genießt man am Strand von Rantum die gute Luft.

Der Hafen ist das Zentrum von Hörnum, dem südlichsten Ort auf Sylt. Hier legen die Ausflugsschiffe an und ab, hier entladen die Krabbenfischer ihre Kutter und die Küstenwache liegt vor Anker. Um die Anlegestelle entwickelte sich erst zu Beginn des 20. Jahrhunderts die Siedlung.

Umgeben von Nordsee und Wattenmeer – Sylts einzigartige Natur

Wasserflächen leuchten in der Sonne, Priele durchziehen weite Sandflächen, weite braune Schlicklandschaften erstrecken sich bis zum Horizont – auf den ersten Blick erscheint das Watt frei von Tieren, geradezu lebensfeindlich. Und doch ist diese außergewöhnlich vielfältige Landschaft mit Wattströmen und -flächen, trockenfallenden Stränden, Muschelbänken und Seegraswiesen, mit blühenden Salzwiesen, weißen Stränden und Dünen ein einzigartiger Lebensraum für mehr als 10 000 Tier- und Pflanzenarten. Die Nordfriesischen Inseln liegen im Nationalpark Schleswig-Holsteinisches Wattenmeer, der zusammen mit dem Nationalpark Niedersächsisches Wattenmeer und dem Nationalpark Hamburgisches Wattenmeer den deutschen Teil des Wattenmeeres schützt. Zusammen mit den niederländischen Gebieten ist das Wattenmeer seit 2009 Weltnaturerbe der UNESCO.

Big Five

Nun trifft man im Norden von Deutschland zwar nicht auf die „Big Five" der afrikanischen Nationalparks, sprich Elefant, Löwe, Nashorn, Büffel und Leopard. Doch werden auch hier fünf Tierarten als solche bezeichnet: Dazu gehört der allseits beliebte Seehund. Um ihn näher zu betrachten, empfehlen sich die Schiffsfahrten zu den Seehundbänken, die von List oder Hörnum aus starten. Das größte Raubtier Deutschlands ist die Kegelrobbe, deren Männchen bis zu 2,20 Meter lang und bis zu 300 Kilogramm schwer werden. Die bekannteste Robbe Sylts ist Willi (eigentlich eine Dame!) im Hörnumer Hafen, der sich im Sommer gerne von Besuchern mit extra an Fischbuden verkauftem Hering füttern lässt.

Whalewatching am Weststrand

Man muss nicht in die USA oder nach Kanada fahren, um Wale zu beobachten. Man kann dies auch auf Sylt und zwar direkt vom Strand aus. Da sieht man dann die an Delfine erinnernden schwarzen Schwanzflossen der Schweinswale in eleganten Kurven auftauchen und wieder verschwinden. Sie gehören zu den kleinsten Walen der Welt und werden nur circa 1,70 Meter lang. Der Seeadler war in Deutschland bereits ausgestorben, wanderte aus anderen Regionen wieder ein und brütet seit einigen Jahren wieder an der Nordseeküste. Die fünfte Tierart, der Europäische Stör, gilt in Deutschland ebenfalls als ausgestorben. Seine Art ist circa 200 Millionen Jahre alt, er kann fast 3,5 Meter groß werden.

Small Five

Doch nicht nur über die großen Tiere kann man staunen, die sogenannten „Small Five" des Wattenmeeres sind äußerst bemerkenswerte Tierchen, die sich ihrem Lebensraum ideal angepasst haben: Sie ertragen Salzwasser und Trockenheit, Regenschauer, Frost und Hitze und müssen sich noch dazu zahlreicher Fressfeinde erwehren. So sind vom bis zu 20 Zentimeter langen Wattwurm meist nur die Sandkringel zu sehen, die an der Hinteröffnung seines u-förmigen Wohnganges liegen. Es sind die Kothaufen, die aber nichts Anrüchiges an sich haben, da der Wurm nur die dem Sand anhaftenden Algen frisst und den unverdaulichen Sand wieder von sich gibt.

Die Herzmuschel lebt in einer Tiefe von ein bis drei Zentimetern. Durch zwei kleine Öffnungen im Wattboden lässt sie Wasser durch ihren Körper strömen, wobei sie Sauerstoff und Nahrung aufnimmt. Dieser Vorgang ist verantwortlich für das feine Knistern, das man auf einer stillen Wattwanderung vernehmen kann. Die bekannte Nordseegarnele gehört zur Gattung der Zehnfußkrebse und passt ihre Farbe der Umgebung an. Bei Gefahr vergräbt sie sich im Sand und verbringt den Winter in tieferen Gewässern. Sie ist also nur ein Sommergast im Wattenmeer, genauso wie die Strandkrabbe, die bis zu acht Zentimeter Durchmesser erreicht.

Ganz links:
Die sogenannte Sylt-Rose oder Kartoffelrose wächst nahezu überall auf der Insel, stammt ursprünglich aber aus Kamtschatka.

Links:
Die Krähenbeere mit ihren schwarzen Früchten gehört zur Familie der Heidekrautgewächse. In den Heidelandschaften der Insel wachsen viele seltene Pflanzenarten.

Sie ist ein sich seitwärts bewegender Aasfresser und hilft, das Wattenmeer sauber zu halten. Die kleinste Art dieser Tiergruppe ist die nur sechs Millimeter große Wattschnecke. 4000 bis 100 000 Exemplare können auf einem Quadratmeter vorkommen, sie grasen Bakterien und Kieselalgen ab und tragen mit ihren Ausscheidungen zur Schlickwattbildung bei.
Zudem gilt das Wattenmeer als Drehscheibe des Vogelflugs. Insbesondere im Rantumer Becken rasten zahllose Vögel, zahlreiche Arten haben hier ihre Brutgebiete. Und auch die Flora der Insel hat in ihren Dünen- und Heidegebieten einiges zu bieten, doch am dominierendsten ist die „zugewanderte“ sogenannte Sylt-Rose, die ursprünglich aus Kamtschatka stammt. Sie wächst mit ihren charakteristisch großen dunkelrosa Blüten und roten Hagebutten im Dünengebiet genauso wie auf vielen Wällen um die Häuser Sylts.

Oben:
Heuler werden die jungen Seehunde genannt, die mit klagenden Lauten nach ihren Müttern rufen. Oft lassen die Seehundmütter ihren Nachwuchs auf den Sandbänken und am Strand zurück, um im kalten Nordseewasser nach Fischen zu jagen.

Rechts oben:
Willi, eine weibliche Kegelrobbe, lässt sich gerne im Hafen von Hörnum mit Hering füttern. Die Kegelrobbe kann bis zu 300 Kilogramm schwer werden und ist Deutschlands größtes Raubtier.

Rechts Mitte:
Wintergast an der deutschen Nordseeküste ist die Ringelgans, die kleinste und dunkelste Art der Meergänse.

Rechts:
Vor ihren langen Tentakeln muss man sich in Acht nehmen: Eine Begegnung mit einer Feuerqualle kann schmerzhafte Hautrötungen zur Folge haben.

ADLER VI

Seite 72/73:
Im Hafen von Hörnum warten die Ausflugsschiffe der Adler-Reederei auf Gäste. Man kann zwischen verschiedenen Fahrten wählen – zu den Seehundbänken, zu den Nachbarinseln Amrum und Föhr oder zu den Halligen.

Links:
Im Sommer gut besetzt sind die circa 80 Plätze des Yachthafens im nördlichen Teil des Hörnumer Hafens, der tideunabhängig ist.

Oben:
Die Attraktion im Hafenbecken von Hörnum ist nicht etwa ein besonderes Schiff, sondern die Kegelrobbe Willi. Die Dame lässt sich gerne von Besuchern füttern, die die Heringe an den Fischbuden erstehen können.

Unten:
Traumhaft liegen diese reetgedeckten Häuser in den Dünen von Hörnum. Erst Anfang des 20. Jahrhunderts entstanden, lebt der Ort heute hauptsächlich vom Tourismus. Es gibt sogar einen großen Golfplatz zwischen den Dünen.

Rechts oben:
Rot-weiß ist das Wahrzeichen von Hörnum. 1907 wurde der 34 Meter hohe Leuchtturm erbaut. Eine Zeit lang beherbergte er sogar eine kleine Schule.

Rechts unten:
Besonders schön joggen kann man in der Dünenlandschaft von Hörnum – Orientierungspunkt ist der Leuchtturm. Hörnum ist im März auch Startpunkt des Syltlaufes bis nach List ganz im Norden.

Linke Seite:
Nicht nur im Yachthafen von Hörnum, auch am Strand liegen kleine Segelboote. Der Sylter Catamaran Club Hörnum vermietet Boote und bietet Segelkurse an.

Surfer finden am Strand von Hörnum ebenfalls beste Bedingungen vor. In der Surfschule Südkap kann man den Sport erlernen oder seine Fähigkeiten auf dem Brett verbessern.

Der Ball soll ins Tor – und das vom Pferderücken aus. Eine besondere Variante des Polo wird in Hörnum beim Beach Polo World Cup gespielt: Statt auf dem Rasen müssen die Pferde im tiefen Sand laufen.

Seite 80/81:
Die Hörnumer Odde aus der Luft: An drei Seiten wird die Südspitze Sylts von Wasser umspült. Im Hintergrund streckt sich die Insel Richtung Osten und nach Norden.

Vom Familienbad Wenningstedt bis zum Lister Ellenbogen – der Norden

Besonders ursprünglich ist die Dünenlandschaft am Lister Ellenbogen, der lang gestreckten nördlichen Landspitze Sylts.

Fast nahtlos geht Wenningstedt im Süden in die Inselmetropole Westerland über. Doch geht es in dem als Familienbad bekannten Ort wesentlich beschaulicher zu. Im alten Dorfkern befindet sich der einzige Dorfteich der Insel, an dem sich die Friesenkapelle aus dem Jahre 1914 erhebt. Hinter dieser wiederum liegt das Steinzeitgrab Denghoog. Der nicht weit östlich gelegene Nachbarort Braderup lockt mit der faszinierenden Braderuper Heide und dem sehenswerten Weißen Kliff am Wattenmeer.

Als Promitreff und teuerstes Pflaster bei Immobilienpreisen bekannt ist Kampen. Schon in den 1920er-Jahren verbrachten so bekannte Künstler wie Emil Nolde oder Thomas Mann im Haus Kliffende hier ihre Sommerfrische. Heutzutage sind es eher Größen wie Jürgen Klopp, Joachim Löw oder Reinhold Beckmann, die man an der berühmtesten Straße des Ortes, dem Strönwai oder „Whiskymeile“ treffen kann. Doch gibt es hier noch einiges andere zu bestaunen: Das Rote Kliff erstreckt sich über vier Kilometer zwischen Wenningstedt und Kampen und ist bei Sonnenuntergang besonders schön. Die höchste Erhebung der Insel ist die Uwe-Düne mit 52,5 Metern und der schwarz-weiße Leuchtturm von Kampen ist der älteste der Insel aus dem Jahr 1855.

Zentrum der nördlichsten Gemeinde Deutschlands ist der Lister Hafen, an dem die Fähre in Richtung der dänischen Insel Rømø ablegt und Ausflugsfahrten stattfinden. Bestens shoppen kann man in der Alten Tonnenhalle, in der auch das Imperium Gosch einen großen Laden betreibt, in dem man vom Fischbrötchen bis zum Champagnerkühler vieles nicht nur rund um das Thema Fisch erstehen kann. Auch zwei Lokale der Kette befinden sich gleich gegenüber am Hafen. Das Erlebniszentrum Naturgewalten befindet sich in unmittelbarer Nähe und ist unbedingt und nicht nur bei schlechtem Wetter einen Besuch wert. Einzigartige Landschaft und Natur bietet das Listland mit der großen Wanderdüne sowie der Lister Ellenbogen, der sich als schmale Landzunge um den Königshafen zieht.

Links:
Wenningstedt gilt als das Familienbad Sylts. Fast mit Westerland zusammengewachsen liegt es nördlich von diesem und bietet Strandleben am großen Weststrand.

Unten:
Zu dem Strand von Wenningstedt gelangt man über befestigte Holzstege. Seit 1960 ist der Ort als Heilbad anerkannt.

Ganz unten:
Direkt am Strand liegt das Restaurant Wonnemeyer. An einfachen Tischen auf der Terrasse genießt man feine Gerichte mit regionalen Bioprodukten.

Seite 86/87:
Die raffiniertesten Farbmischungen bringen die berühmten Sonnenuntergänge an Sylts Weststrand hervor – hier bei Wenningstedt.

Linke Seite:
Die Natur als Künstler: Rosaroter Sonnenuntergang, Strand, weiß-blaue Strandkörbe und ein Stückchen Düne – fertig ist das perfekte Sylt-Bild (bei Wenningstedt).

Blauer Himmel, weiße Wölkchen, Sonnenuntergang vor den Dünen – Abendstimmung bei Wenningstedt.

Nicht nur gemütliche Abendstunden verbringt man im Strandbistro in Wenningstedt mit Blick auf die Nordsee. Zu den meisten Tageszeiten ist die Terrasse gut gefüllt.

Grabhügel und Wikingerburgen – die Vor- und Frühgeschichte der Insel

Geologisch gesehen ist Sylt eine junge Insel: Erst in der vorletzten Eiszeit brachten die Gletscher Fels und Geröll mit, das nach dem Abschmelzen zurückblieb und die Geestkerne der Nordfriesischen Inseln bildete. Geest bedeutet höher gelegenes und trockenes Land, die Geestkerne waren damals die Hochpunkte der Landschaft und konnten gut besiedelt werden. Die ersten Menschen auf der Insel, die ihre heutige Form erst nach zwei Sturmfluten im 17. Jahrhundert erhielt, waren nicht sesshafte Jäger, von denen sich keine Zeugnisse erhalten haben. In der Jungsteinzeit wandelten sich die nomadisierenden Jäger dann zu sesshaften Bauern. Relativ dicht war die Insel in der Bronzezeit besiedelt. Davon zeugen auf Sylt fast 50 bekannte Megalithgräber aus dem Neolithikum (acht ganz oder teilweise erhalten) und über 500 Grabhügel aus Bronze- und Wikingerzeit.
Doch ging von dem reichen Erbe auch viel verloren: Grabhügel wurden vom Meer zerstört oder vom Sand der wandernden Dünen bedeckt, später wurden Steine für den Bau der Häuser verwendet, für weitere Schäden war das Militär verantwortlich, das Hügel für Einbauten nutzte oder ganz abtrug.

Der Denghoog in Wenningstedt

Eines der am besten erhaltenen und eindrucksvollsten Megalithgräber aus der Jungsteinzeit ist der Denghoog in Wenningstedt in unmittelbarer Nachbarschaft der Friesenkapelle. Die über 5000 Jahre alte Grabstätte wird von einem 3,5 Meter hohen und im Durchmesser 32 Meter messenden Hügel bedeckt. Die eigentliche Grabkammer bildet eine Ellipse von drei mal fünf Metern, deren Wände zwölf große Tragsteine bilden. Drei gewaltige Decksteine, Findlinge der vorletzten Eiszeit, von denen der größte rund 20 Tonnen wiegt, schließen sie nach oben hin ab. Eine dichte Schicht aus Ton und Steintrümmern umschloss die Kammer. Ein sechs Meter langer und einen Meter hoher Gang erleichterte wohl Nachbestattungen des Kollektivgrabes. Ursprünglich umgab es ein Ring hoher Steine, die später aber beim Hausbau Verwendung fanden. Bei der archäologischen Untersuchung 1868 fand man unter anderem ein Tongefäß, Scherben von weiteren Tongefäßen, Beile, zwei Scheibenkeulen und mehrere Bernsteinperlen. Heute muss man bei einem Besuch der beeindruckenden Grabkammer nicht mehr durch den Gang kriechen, man betritt sie bequemer von oben. Aus der Bronzezeit ließen sich mehr als 420 Grabhügel auf Sylt nachweisen. Die großen und reich ausgestatteten Grabstätten erreichten Höhen bis zu sieben Meter. Wertvollste Beigaben waren in dieser Zeit prächtige Bronzeschwerter – das Schwert war eine der wichtigsten Neuerungen jener Epoche. Viele Hügel wurden jedoch durch Bebauung und Landwirtschaft abgetragen. Ein seltener bronzezeitlicher Langhügel hat sich nördlich von Kampen zwischen den runden Krockhoogern erhalten.
Die Großsteingräber werden übrigens auch „Hünengräber" genannt – nur Riesen von hünenhafter Gestalt traute man wohl zu, solche Bauwerke zu erschaffen. Doch tatsächlich wurden die großen Findlinge wahrscheinlich mit Ochsengespannen oder durch Menschenkraft über Baumstämme über gefrorenen Boden zu den Grabstellen gezogen und dort zusammengefügt.

Tinnumburg

Die Hügel der Wikingerzeit waren mit maximal 1,5 Metern wesentlich kleiner als die der Bronzezeit, die typische Form der Bestattung waren Grabhügelfelder. Bei Morsum gibt es ein noch sichtbares Feld, das ursprünglich aus mindestens 30 Hügeln bestand. Imposantestes Zeugnis dieser Zeit (793 bis 1066 n. Chr.) ist die Tinnumburg, die jedoch bereits auf die Zeit um Christi Geburt zurückgeht. Der heute sichtbare Wikingerwall wurde über dem älteren errichtet. Südwestlich von Tinnum gelegen, hat der Wall einen Durchmesser von 120 Metern und eine Höhe von acht Metern. Ursprünglich soll die Anlage als Kultstätte gedient haben, aus späterer Zeit fanden sich Siedlungsspuren. Möglicherweise war ein Prielstrom, der im Nordwesten der Burg ins Wattenmeer fließt, zu dieser Zeit schiffbar, so dass die Wallanlage Meerzugang hatte. Aus der vor der Wikingerzeit gelegenen Eisenzeit stammten auch die Rantum- und die Archsumburg, die allerdings nicht mehr erhalten sind.

Links: *Das Großsteingrab Denghoog liegt nördlich der Friesenkapelle in Wenningstedt und ist eines der am besten erhaltenen der Jungsteinzeit.*

Oben: *Bereits seit den 1930er-Jahren kann man das Innere des Ganggrabes Denghoog besichtigen. Das Innere der Grabkammer besteht aus zwölf Tragsteinen und drei Decksteinen.*

Rechts oben:
Der Brunnen neben der Apsis von St. Severin in Keitum trägt eine besondere Steinplatte: Sie soll ein Kultstein aus dem vorchristlichen Heiligtum der Göttin Freya sein.

Rechts Mitte:
Um 2500 v. Chr. soll die Megalithanlage Harhoog bei Keitum entstanden sein. Ein Dolmen wird von rechteckig angeordneten Steinen umstanden.

Rechts:
Zu drei Touren, die dem Besucher die Zeugnisse der Vor- und Frühgeschichte der Insel näherbringen, lädt die „hünen.kulTour" ein. Auf jeder dieser Strecken für Wanderer oder Radfahrer gibt es mehrere Standorte mit Denkmälern und erklärenden Tafeln.

Rechts:
Die Friesenkapelle in Wenningstedt stammt aus dem Jahre 1914. Sie steht nördlich des Dorfteiches – dem einzigen auf Sylt.

Unten:
Strand an der Braderuper Heide. Auf der Insel Sylt liegen mehr als fünfzig Prozent der Heidelandschaften Schleswig-Holsteins. Entstanden ist die Heide durch die Abholzung von Wäldern.

Oben:
Über 130 Hektar umfasst das Naturschutzgebiet Braderuper Heide zwischen Braderup und Kampen. Gepflegt wird die Landschaft unter anderem durch wandernde Schafherden. Im Hintergrund ist der Leuchtturm von Kampen zu erkennen.

Links:
Im Inneren der Friesenkapelle von Wenningstedt fällt die gekachelte Altarwand auf, die 1965 entstanden ist. Sehenswert ist auch die bemalte Decke und auf einem umlaufenden Spruchband kann man das friesische Vaterunser lesen.

Links:
Der weiße Leuchtturm von Kampen trägt in der Mitte ein schwarzes Band. Das Seezeichen südlich des Nobelortes wurde 1856 im Auftrag des dänischen Königs fertiggestellt.

Unten:
Von der Ferne sieht man den Häusern ihre Millionen-Preise nicht an. In Kampen bestimmt die Gemeindeordnung seit 1913 den friesischen Stil und die Höchsthöhe von acht Metern für die Häuser.

Ganz unten:
Schwarz-weiße Kühe vor dem weiß-schwarzen Leuchtturm von Kampen: Seit Mitte der 1970er-Jahre spielt die Landwirtschaft eine eher geringe Rolle auf der Insel.

Rechte Seite oben:
Der zweite Leuchtturm von Kampen „Rotes Kliff" ist aus roten Ziegelsteinen errichtet und nur elf Meter hoch. Das Quermarkenfeuer liegt in den Dünen am nördlichen Ende von Kampen, ist aber nicht mehr in Betrieb.

Die höchste Erhebung der Insel: Die Uwe-Düne zwischen Kampen und dem Roten Kliff misst stolze 52,5 Meter. Eine schöne Aussicht wartet nach mehr als 100 Treppenstufen.

Holzstege führen durch die empfindliche Dünenlandschaft bei Kampen. Zum Schutz der Dünen sollte man die offiziellen Wege auf keinen Fall verlassen.

Rechte Seite unten:
Prominente Gäste weilten schon im Haus Kliffende, das wunderschön in der Kampener Dünenlandschaft beim Roten Kliff liegt. So wohnten in dem 1923 erbauten Haus unter anderem Thomas Mann, Ernst Rowohlt oder Emil Nolde.

Seite 98/99:
Abendsport vor großartiger Kulisse: Sonnenuntergang am Weststrand von Sylt.

Dramatische Meer- und Himmelsbilder malt das Wetter bisweilen vor dem Weststrand von Sylt. Noch ist das Wasser ruhig, aber bei Gewitter und Sturm kann die Brandung wild an den Strand schlagen und man ist froh, wenn man nicht mit einem Boot draußen unterwegs ist.

Seite 102/103:
Über vier Kilometer lang und bis zu 30 Meter hoch zieht sich das Rote Kliff zwischen Wenningstedt und Kampen an Sylts Westküste hin. Brandung und Wetter nagen beständig an dieser spektakulären Abbruchkante, die bei Sonnenuntergang rot zu leuchten beginnt.

196
194
233
222

Oben:
Friesenhäuser, Dünengras, Strandkörbe auf feinem Sand – so sieht der Urlaubstraum von Sylt aus – hier bei Kampen.

Rechts:
Das Rote Kliff bei Kampen: Gletscher haben während der Eiszeit Geröllmassen aufgeschoben, durch das darauffolgende Ansteigen des Meeresspiegels erfolgte der Abbruch.

Links:
Seine rötliche Färbung erhält das Rote Kliff – hier bei Wenningstedt – durch Eisenbestandteile, die oxidieren.

PLAGE
65
68
55
71
63
75

Links:
Nach einem Fußmarsch durch die Dünen vorbei am Quermarkenfeuer „Rotes Kliff“ erreicht man das Strandbistro und die Sauna „La Grande Plage“ bei Kampen.

Unten:
Zu dem legendären Strandbistro „Buhne 16“ nördlich von Kampen muss man von dem Parkplatz zu Fuß durch die Dünen laufen. Hier gab es besonders in den 1960er-Jahren viel feiernde Prominenz und auch heute gibt es in den Sommermonaten Strandpartys mit Livemusik.

Oben:
Am frühen Morgen an der Westküste bei Kampen: Die Strandkörbe sind nach der Sonne ausgerichtet. Im Laufe des Tages werden sie dann dem Himmelskörper folgend nach Westen gedreht.

Oben:
Im typischen Stil der Friesenhäuser samt den mit Rosen bewachsenen Friesenwällen sind die Anwesen in Kampen gestaltet. Ihren hohen Immobilienpreis sieht man ihnen nicht auf den ersten Blick an.

Rechts:
Ein Gläschen Champagner am Strönwai. An der berüchtigten Whiskymeile in Kampen auf Sylt findet man zahlreiche Intreffs, Edelboutiquen oder Galerien.

Oben:
Der schön bewachsene Garten des Cafés Kupferkanne bietet schattige Plätze und als Spezialität des Hauses selbst gemachte Kuchen. Entstanden ist das Café aus einem ehemaligen Wehrmachtsbunker auf der Wattseite Kampens.

Links:
Bekannt ist auch das Gogärtchen am Strönwai in Kampen. 1951 gründete Margret Gogarten ein erstes Café, heute beherbergt das Haus ein nobles Restaurant und eine ebensolche Bar.

Oben:
Zentrum des nördlichsten Ortes Deutschlands ist der Hafen von List. Die Alte Tonnenhalle beherbergte einst Seezeichen und Boote. Im Jahr 2004 ist an ihrer Stelle ein Einkaufszentrum entstanden, das sich architektonisch an die vorherige Funktion anlehnt.

Rechts:
Nicht von der Insel wegzudenken: Die Möwen ernähren sich eigentlich aus dem Watt, doch haben sie sich inzwischen auf den Menschen eingestellt und verachten auch ein Fischbrötchen nicht.

Links:
Elegante Segler: Lach-, Silber- oder Heringsmöwen sind nicht leicht zu unterscheiden.

Unten:
Vom Lister Hafen startet die Fähre zu der dänischen Insel Rømø. Sie liegt nur drei Kilometer nördlich von Sylt und die Fahrt dauert circa 45 Minuten.

Erlebniszentrum
NATURGEWALTEN SYLT

Das Erlebniszentrum Naturgewalten dominiert mit seinem blau-roten Gebäude den Hafen von List. Die für Kinder wie Erwachsene spannende interaktive Ausstellung widmet sich drei großen Themenkomplexen: „Klima, Wetter, Klimaforschung", „Leben mit Naturgewalten" und „Kräfte der Nordsee". Im Außenbereich gibt es einen großen Spielplatz und ein Seetierbecken, das Naturgewalten-Bistro bietet sich für eine Pause an.

Oben:
Auch die Gastlichkeit kommt in der Alten Bootshalle am Lister Hafen nicht zu kurz: Jürgen Gosch betreibt nicht nur hier ein Restaurant, auch gegenüber kann man Fischspezialitäten speisen.

Rechts:
Von Hummer über Dorsch und Lachs bis zum Obstsalat reicht die Auswahl in der Alten Bootshalle bei Gosch. 1972 eröffnete Jürgen Gosch die „nördlichste Fischbude Deutschlands“ in List und machte danach eine beispiellose Karriere.

Oben:
Einfahrt der „Gret Palucca" in den Lister Hafen. Das Schiff ist nach der berühmten Tänzerin benannt, die seit 1924 auf die Insel kam und mit der damaligen Eignerfamilie befreundet war.

Ganz links:
Auf dem Kutter „Gret Palucca" werden auch circa zweistündige Piratenfahrten für Kinder angeboten.

Links:
In der Alten Tonnenhalle in List bieten Stände und Geschäfte ein buntes Sammelsurium an Waren an.

Unten:
Im „Austernmeyer“ – Restaurant und Probierstube – speist man die Sylter Royal frisch aus den Meerwasserbecken in den verschiedenen Variationen von natur über Austernspaghetti bis gratiniert oder in Pernodbutter.

Rechts oben:
Während der Wintermonate werden die Austern der Dittmeyer's Austern Compagnie aus der Blidselbucht südlich von List in Meerwasserbecken gebracht.

Rechts Mitte:
So verzehrt der Purist die Sylter Royal: natur und mit ein wenig Zitronensaft beträufelt.

Rechts unten:
In diesen Spankörben wird die Sylter Royal verschickt. Da die Austern sich verschließen, halten sie sich einige Tage frisch.

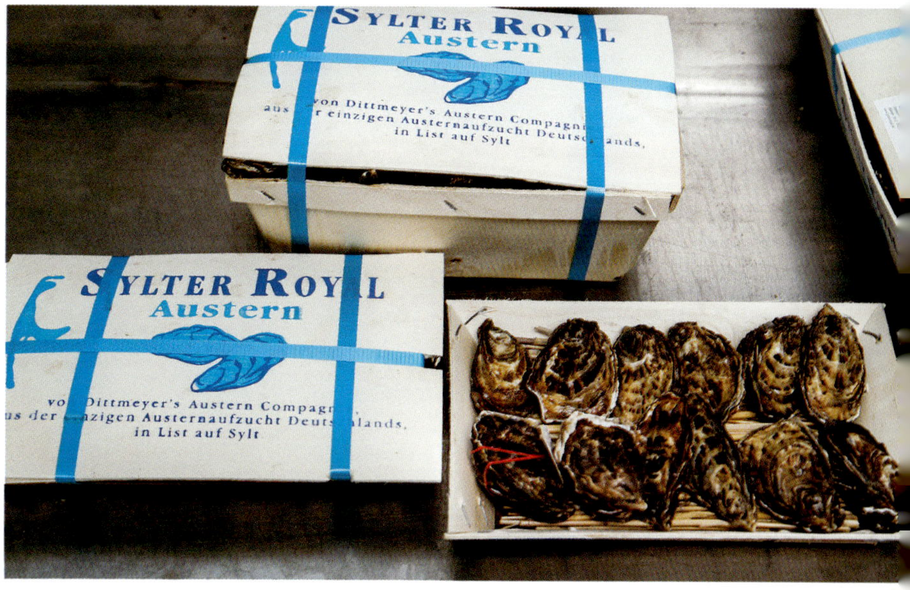

Sylter Royal oder Grünkohl – Sylt kulinarisch

„Leicht nussig soll sie schmecken – dafür muss man sie aber 15- bis 20-mal kauen, bevor man sie schluckt!" – Der Chefkoch des Dünenhotels „Alt Rantum" hat leicht reden. Austernfreunden mag das vielleicht gelingen – mir fällt es außerordentlich schwer auf dem glibberigen grau-durchsichtigen Etwas auch noch herumzukauen. Bei einer Austernprobierstunde kann man hier die Sylter Austernspezialität „Sylter Royal" kennenlernen. Nuss schmecke ich jedenfalls nicht heraus, dafür alle Aromen des Meeres. Nicht schlecht, aber allzu oft werde ich diese Meeresfrucht wohl nicht verspeisen. Selbst, wenn man mir dazu ein Glas Champagner reicht.

Die Austernfischerei hat eine lange Tradition auf Sylt, doch gegen Ende des 19. Jahrhunderts waren die Bestände derart dezimiert, dass die Austernfischer ihre Arbeit einstellen mussten. Nach einem ersten Versuch zu Beginn des 20. Jahrhunderts betreibt Dittmeyer's Austern Compagnie seit 1986 die einzige Austernzucht Deutschlands. Die Delikatesse kommt unter dem Namen „Sylter Royal" bundesweit in den Handel. Bis zu drei Jahre brauchen die Setzlinge, bis sie ihr „Erntegewicht" von 70 bis 90 Gramm erreicht haben. Den Winter verbringen die Austern allerdings nicht in der Blidselbucht im Lister Watt, sondern in großen Wasserbassins auf dem Lister Betriebsgelände. Der Erfolg der Sylter Royal hat aber auch seine Schattenseiten: Die schnell wachsende Pazifische Felsenauster verdrängt einheimische Arten wie die Miesmuschel.

Doch zum Glück muss man nicht unbedingt Austern verzehren, wenn man den Geschmack des Meeres auf der Zunge haben will. Auf Sylt dominiert Fisch die Speisekarten: Scholle, Butt, Dorsch, Hering und natürlich auch die berühmten Nordseekrabben schmecken sowohl an der Fischbude, im gutbürgerlichen Gasthaus oder im teuren Restaurant. Dabei beherrschen zwei Namen den Markt: In den Restaurants, Bistros und Läden von Jürgen Gosch und Blums Fisch-Delikatessen kann man Fischgerichte verspeisen, Fisch zum Selberkochen erstehen oder leckere Fischbrötchen bekommen.

Gourmetmekka

Sylt gilt aber auch sonst als wahres Gourmetmekka, nirgendwo anders versammeln sich so viele Spitzenköche auf so engem Raum. In mehreren Restaurants zaubern Sterneköche Kunstwerke aus Essbarem, weitere Lokalitäten sind im berühmten Gault Millau verzeichnet. Bekannte Namen sind dabei Jörg Müller aus Westerland, Johannes King im Söl'ring Hof in Rantum, Alexandro Pape im Fährhaus Munkmarsch, Holger Bodendorf im Landhaus Stricker in Tinnum oder Jens Rittmeyer im Hörnumer Hotel Budersand. Wem das an Kochprominenz noch nicht genügt: Beim Sylter Gourmet Festival kommen Spitzenköche aus ganz Europa für vier Tage im Januar auf die Insel, um dort in fremden Küchen kulinarische Höhepunkte zu kredenzen.

Alge oder Labskaus

Wem in Gemüse-Weinsud geschwenkte braune Meeresalge „Laminaria saccharina", die in Lister Meerwasser-Gewächshäusern gezüchtete Meeresschnecke Abalone oder der Queller – Meeresfenchel, der auf den Wattwiesen wächst (Spargel der Friesen genannt) – zu sehr nach Experiment klingt, kann sich auch an ein anderes nordfriesisches Gericht halten, das traditionell, aber nicht nur, am Abend des Biikefeuers angeboten wird: Grünkohl und Pinkel ist zwar vom Aussehen her mit seiner ins grün-braun changierenden Farbe etwas gewöhnungsbedürftig, nichtsdestotrotz sehr wohlschmeckend und ein klein bisschen kalorienreich. Die Saison für dieses typisch norddeutsche Gericht beginnt nach dem ersten Frost, der die Bitterstoffe des Kohls in Zucker umwandelt. Zubereitet wird es mit Bauchfleisch, Kassler, manchmal auch Schweinebacke und Pinkel, einer Grützwurst. Ein anderer Klassiker des Nordens ist das Labskaus, traditionellerweise aus Kartoffeln, Zwiebeln, Corned Beef und Roter Beete zusammengemengt und mit Gewürzgurken, Matjes sowie Spiegelei serviert.

Ob jetzt Fleisch oder Fisch, Auster, Krabbe oder Alge – unbestritten ist: Seeluft macht Appetit! Und dankenswerterweise findet man auf Sylt in Strandbuden, Dorfgasthäusern oder Gourmetrestaurants Leckeres für jeden Geschmack. Und nach dem Hauptgang ist auch immer noch Platz im Magen für den Dessert-Klassiker: die Rote Grütze. Guten Appetit!

Links:
Ein Ort der gehobenen Gastlichkeit ist das Restaurant Sturmhaube mitten in den Dünen am Roten Kliff bei Kampen. Unter reetgedecktem Dach genießt man Klassiker wie die Sylter Royal.

Oben:
An Gourmetrestaurants in ganz Deutschland wird die Sylter Royal von List aus geschickt. Die Dittmeyer's Austern Compagnie ist die einzige Austernzucht im Land.

Kleine Bilder rechts, von oben nach unten: Fisch und Meeresfrüchte in allen Variationen gibt es am Lister Hafen: Vom Fischbrötchen bis zur Seafood-Platte reicht die Palette in der Institution Gosch.

Bei Gosch in der Alten Bootshalle kann man Gerichte wie Seeteufelschwänzchen auf Fenchel-Gemüsenudeln genießen.

Immer wieder lecker: Matjesfilets, appetitlich angerichtet, bei Gosch in der Alten Bootshalle in List.

Genießen von der Currywurst bis zum Nordseesteinbutt auf Chablisgemüse steht auch in der berühmen Sansibar ganz hoch im Kurs.

Seite 120/121:
List Ost ist einer der beiden Leuchttürme auf dem Lister Ellenbogen – beide stammen aus dem Jahre 1857.

Links:
Nur wenige Häuser befinden sich auf dem Lister Ellenbogen: Das Anwesen vor dem Leuchtturm List Ost im Vordergrund und eine Ferienhaussiedlung im Hintergrund.

Unten:
Der rot-weiße Leuchtturm List Ost ist nach List West das zweitnördlichste deutsche Signalfeuer.

Rechte Seite:
Der Leuchtturm List West ist nicht nur das nördlichste Gebäude Deutschlands, sondern auch der älteste Leuchtturm an der Westküste Schleswig-Holsteins und der erste aus Gusseisen gefertigte in Deutschland.

Weit und ursprünglich erscheint die Landschaft am Lister Ellenbogen ganz im Norden von Sylt. Wie ein Haken zieht sich die Landspitze um den Königshafen.

Seite 126/127:
Wind und Weite in den Dünen auf dem Lister Ellenbogen. Das Gebiet gehört zum Listland und ist damit in Privatbesitz. Deshalb wird an der Zufahrt eine Abgabe verlangt – Fußgänger und Radfahrer sind aber noch frei.

Herrlich einsam ist der Strand am Lister Ellenbogen. Der dänische König hatte das Listland im Mittelalter zwei Fischern als Lehen gegeben.

Der Ellenbogen ist Naturschutzgebiet und im Königshafen liegt die Vogelschutzinsel Uthörn. Im Frühjahr und Herbst rasten im Wattenmeer zahlreiche Vogelarten wie zum Beispiel die Ringelgans.

Landschaftseindrücke vom Lister Ellenbogen. An der Ostspitze des nördlichsten Ausläufers der Insel treffen Nordsee und Wattenmeer aufeinander und verursachen gefährliche Strömungen. Zwischen Ellenbogen und Listland liegt der Königshafen, eine weite Bucht, die bis ins 18. Jahrhundert auch als Hafen genutzt wurde, bevor sie versandete.

Seite 132/133:
Wo die Sonne im Meer versinkt: farbenprächtiger Abendhimmel über dem Weststrand von Sylt.

Register

Rømø
Listerdyp
Leuchtturm List-West
Leuchtturm List-Ost
Ellenbogen
Ellenbogenspitze
Ellenbogenberg 26 m
Königshafen
Weststrand
Uthörn
Mövenberg
Sandberg 34 m
Wanderdüne
Erlebniszentrum Naturgewalten
Mannemorsumtal
List
Wanderdüne
Mellhörn
Strandtal
Blidselbucht
28 m
Süderheidetal
Westerheide
Klappholttal
Lister Ley
Hunnigensände
Nordsee
Quermarkenfeuer
Kampen
Neue Plate
DÄNEMARK
Leghörn
Rotes Kliff
Pandertief
Westerley
Kampener Leuchtturm
Wenningstedt
Denghoog
Braderup
Weißes Kliff
Buttersand
Keitumer Heide
Raulingsand
Munkmarsch
WESTERLAND
Flughafen Sylt
Jückersmarsch
DEUTSCHLAND
Klentertal
Sylt-Aquarium
Keitum
Tinnumburg
Tinnum
Altfriesisches Haus
Heimatmuseum
Hestendragt
Tierpark
Mittelsand
Hindenburgdamm
Eidum Vogelkoje
Munkmark
Kaamp
Dikjen Deel
Morsum-Kliff
Seevogelschutzgebiet Rantumbecken
Abort
Munkhoog 23 m
Baakdeel
Archsum
Schellinghörn
Morsum
Rantumbecken
Mittelmarsch
SYLT
Osterende
Rantum-Nord
Westerley
Rantum
Morsum-Odde
Burgtal
Osterley
Kleiner Fli 24 m
Wassertal
Großer Fli 21 m
Steenack
Rantumer Dünen
Puan Klent
Rantumlohe
Eidumtief
Hörnumtief
Möskental
Hörnumer Nehrung
Föhrer Schulter
Hörnum-Nord
Graues Tal
Steintal
Hörnum
Liinsand
Leuchtturm Hörnum
Weiße Düne 22 m
Vortrapptief
Föhr
2 km

Zum Glück gibt es häufig Ruhebänke an den höchsten Punkten der Übergänge zum Weststrand in den Dünen – sei es zum Ausruhen oder zum gemütlichen Betrachten des Sonnenuntergangs.

Impressum

Buchgestaltung
Matthias Kneusslin
www.hoyerdesign.de

Karte
Fischer Kartografie, Aichach

Printed in Germany
Repro: Artilitho snc, Lavis-Trento, Italien
www.artilitho.com
Druck und Verarbeitung: Grafiche Stella srl, Verona, Italien
www.grafichestella.it

ISBN 978-3-8003-4249-5

Unser gesamtes Programm finden Sie unter:
www.verlagshaus.com

Bildnachweis
Alle Bilder von Sabine Lubenow mit Ausnahme von:

Ulrike Ratay: S. 36/37 (6 Abb.), S. 44 Bild unten, S. 66 Bild unten, S. 67 Bild oben, S. 68/69 (5 Abb.), S. 90 kleines Bild links, S. 91 kleines Bild rechts oben und kleines Bild rechts unten, S. 93 Bild unten, S. 113 kleine Bilder rechts (2 Abb.), S. 115 Bild oben und Bild unten rechts, S. 119 kleines Bild rechts drittes von oben, S. 136 Bild oben;

Erlebniszentrum Naturgewalten Sylt: S. 112 großes Bild.

Danksagung
Einen herzlichen Dank an das Erlebniszentrum Naturgewalten Sylt für das zur Verfügung gestellte Bildmaterial!

Erlebniszentrum Naturgewalten Sylt
Hafenstraße 37, 25992 List
Tel.: 04651 – 83 61 90
www.naturgewalten-sylt.de
Sie finden uns auch bei Facebook.

Erlebniszentrum NATURGEWALTEN SYLT